AF264183

Sœur Callamand

SUPÉRIEURE

DE LA

MAISON DU DOYENNÉ

A LYON

Au Profit de ses Œuvres

LYON

IMPRIMERIE A. WALTENER ET Cie

14, Rue Belle-Cordière.

1883

Sœur Callamand

SUPÉRIEURE

DE LA

MAISON DU DOYENNÉ

A LYON

Au Profit de ses Œuvres

LYON

IMPRIMERIE A. WALTENER ET Cⁱᵉ

14, Rue Belle-Cordière.

1883

Sœur Callamand

SUPÉRIEURE

DE LA

MAISON DU DOYENNÉ

A LYON

Il est rare que le berceau d'un Saint ou d'une âme prédestinée ne soit protégé par des parents chrétiens. Ainsi fut protégé le berceau de Sœur Callamand. Dieu prit soin de le placer au sein d'une famille patriarcale et chrétienne. Ses parents étaient honorables. Marie-Anne-Agnès Callamand naquit à Marseille le 31 janvier 1810, la dernière de quatorze enfants dont neuf garçons et cinq filles. En 1870 nous avons vu à Livourne un de ses frères, Justin Callamand. Ce vénérable octogénaire est mort l'année suivante. Une sœur survit encore, elle est capucine dans un couvent de Marseille, et est âgée de 85 ans. Les noms de Marie-Anne qui furent donnés au baptême à Sœur Callamand indiquent sous quelles protections on voulut placer cette enfant. Quant au nom d'Agnès, elle le reçut à cause du jour de sa naissance. — Sœur Callamand aimait à raconter plus tard qu'étant toute petite, elle n'avait pû supporter la déformation de ce beau nom. On avait essayé de l'appeler Agnésie, mais elle ne voulut jamais y répondre, et un jour elle alla se blottir derrière des fagots de bois, pour échapper à cette appellation. On eut beau l'appeler Agnésie! elle ne répondait pas. On se mit en quête de savoir ce qu'elle était devenue, et lorsqu'après l'avoir retrouvée, on lui demanda la raison de son mutisme, elle répondit qu'elle se nommait Agnès et non pas Agnésie. A dater de ce jour, à sa grande joie, elle ne reçut plus que le nom d'Agnès, et ceux qui ont connu Sœur Callamand à Lyon savent combien d'honneurs ont été rendus à sa jeune et chère sainte dans la maison du Doyenné pendant trente-deux ans.

Notre petite Agnès fut élevée avec grand soin et grande religion par de pieuses demoiselles de Marseille. Jusqu'à ses derniers moments, sa dignité et sa distinction pleines de simplicité rappelaient son éducation première.

En 1835, sa vocation était tout à fait déterminée. D'une nature droite, sérieuse, franche, tenace, pleine d'élans généreux, elle voulait Dieu, mais Dieu dans la bienfaisance, dans l'aumône, dans la charité. Sa sœur aînée avait choisi la sévérité du cloître et l'imitation du séraphique François d'Assise; Elle, se sentait d'autres attraits, elle voulait chercher le salut de son âme en faisant du bien à ses semblables. C'est donc en 1835 qu'elle quitta sa mère devenue veuve, s'enfuit sans lui faire les derniers adieux, dans la crainte d'une opposition, et vint postuler à Ainay, dans la maison de la rue Bourgelat, la faveur d'entrer dans la famille de Saint-Vincent de Paul. Elle avait alors 24 ans. Nous ignorons par quelles circonstances Sœur Callamand fut amenée à postuler à Ainay. Avec le cœur qui la distinguait, elle a gardé une affection filiale à la maison de la rue Bourgelat. Elle nous en parlait souvent. La Vénérable Mère Hugonet, qui était en ce temps Supérieure de cet établissement, est restée jusqu'à sa mort un soutien, un conseil, un abri pour Sœur Callamand.

Après ses trois mois de postulat, elle fit son séminaire à Paris et fut ensuite successivement envoyée comme simple sœur à Auch, à Toulouse, à Montpellier. Cette dernière ville lui était demeurée plus au cœur. Elle en parlait facilement, s'égayant au souvenir des emplois plus ou moins relevés qui lui étaient confiés à la pharmacie.

Elle y fut ensuite chargée d'un orphelinat de petits garçons. Cette œuvre lui était particulièrement chère ; elle aimait à en entretenir Monseigneur Ginoulhiac quand il était archevêque de Lyon. Montpellier leur était une source d'agréables couversations. Après quelques années passées dans cette ville, sous le nom de sœur Emilie, Sœur Callamand fut nommée Supérieure à Toulon, nous ignorons dans quelle maison ; elle y demeura trois ans. Elle fut ensuite nommée à Lyon. C'était en 1850, le 21 janvier. Elle fut donc installée le beau jour de sa fête dans sa maison du Doyenné.

La maison du Doyenné n'est pas une maison ordinaire. Elle est la première, croyons-nous, ou, tout au moins, une des premières de Lyon par ordre de fondation. Elle a été fondée par Saint Vincent de Paul lui-même et le Chapitre Primatial, vers l'an 1651. On sait quels liens unissaient Saint Vincent à notre Eglise; aussi, les nobles Comtes avaient-ils cette institution en grande estime et en grand attachement, et ils avaient eu soin de la placer en un lieu que la tradition rendait cher à la population lyonnaise. Un livre déjà ancien en parle ainsi :

« Il y a sur la paroisse un utile établissement de six sœurs grises
« pour le soulagement des pauvres. Ces charitables Filles sont de l'Ins-
« titution de l'excellent prêtre français Saint Vincent de Paul. Elles
« étendent leurs soins à Lyon sur les pauvres familles des paroisses
« Sainte-Croix et Saint-Georges (Saint-Jean n'est paroisse que depuis
« la Révolution). Cet établissement est situé au pied de la descente
« du Gourguillon, et sur la place où les ruisseaux du sang des martyrs
« égorgés en 210, au haut de la colline, se jettèrent d'abord et for-
« mèrent comme un lac, proche de l'église de Saint-Pierre, bâtie en
« mémoire de cette sanglante journée qui arriva le 28 juin, veille de
« la fête du Prince des apôtres. »

Ces traditions sont ici vivantes. La maison les garde avec bonheur. Et c'est pourquoi on y trouve à la fois réunis une dévotion spéciale aux SS. martyrs de Lyon et un dévouement sans bornes à cette Eglise Primatiale qui compte Saint Vincent comme une de ses gloires, et qui a l'honneur insigne de conserver son Cœur. Sœur Callamand était fière de ces souvenirs. Chaque année, elle entretenait de beaux cierges pendant l'octave de Saint-Vincent, auprès du Cœur de son Père. Chaque année aussi, elle faisait deux fois l'ascension de la Sainte Colline avec ses chères Enfants de Marie, pour vénérer la crypte de Saint Irénée et la prison de Saint Pothin ; et la première lampe qui en 1877 est venue briller devant la colonne de sainte Blandine, a été donnée, sur son désir, par les Enfants de Marie de Saint-Georges et de Saint-Jean.

Quand Sœur Callamand arriva au Doyenné, elle ne trouva pas ses sœurs en larmes ; elles n'avaient pas à pleurer la mort d'une Supérieure ; la respectable Mère Joséphine Merle était là. Mais elle avait travaillé beaucoup, elle s'était trouvée à Paris au milieu des guerres du premier Empire ; elle avait même contracté la peste en soignant les soldats de l'invasion. Sentant donc la charge de Supérieure devenir lourde pour ses vieux ans, elle avait demandé d'être soulagée, déchargée. Ceux qui ont connu Mère Joséphine se souviennent de cette affabilité et de cette dignité d'autrefois, qui charmaient tant en elle. Elle était Supérieure depuis treize ans. Elle avait reçu toutes les traditions des sœurs anciennes et en avait transmis le précieux héritage à ses filles. Elle était comme le lien entre la maison d'avant les mauvais jours et celle qui existe maintenant ; Mère Joséphine était vénérée de tous. Elle demeura toujours la Mère dans la vénération et dans l'amour. Sœur Callamand tout en prenant les rênes du gouvernement d'une main sûre, ferme et sage, entoura Mère Joséphine de soins assidus et d'attentions touchantes. Elle l'appelait la Bénédiction de la Maison, et Dieu s'est plû à la lui conserver longtemps ; Mère Joséphine s'est doucement éteinte en 1875, à l'âge de 85 ans.

Sœur Callamand a vécu 25 ans avec elle. Il ne faut donc pas s'étonner du nom affectueux et familier qui fut donné à Sœur Callamand, à son apparition dans la maison du Doyenné. Mère Joséphine était comme la bonne maman : Sœur Agnès ne fut plus appelée que *La petite mère*. Sans aucun doute, sa petite taille, sa figure maigre y prêtèrent bien un peu ; mais ce doux nom, qui devait résonner à ses oreilles jusqu'à son dernier soupir, indiquait un autre sentiment, le sentiment d'une affection toute filiale. Jamais les petites filles de la Providence n'auraient pu appeler Mère Callamand autrement que *Petite mère*.

Ses Œuvres

A son arrivée, Sœur Agnès trouva la Pharmacie, la Maternité, la Providence, l'œuvre de Sainte Françoise. Ces institutions fonctionnaient admirablement. Mais il n'y avait pas là pour calmer l'activité dévorante de la nouvelle Supérieure. Du reste, l'édifice n'était ni suffisant ni convenable. Elle commença donc par remuer les pierres en attendant de remuer les cœurs. La construction de l'orphelinat doit se rapporter à 1851. Mère Callamand aimait à nous raconter qu'elle avait tant de craintes que cette première entreprise ne réussît pas, que chaque soir, après le départ des ouvriers, elle allait enfoncer dans la muraille fraîchement élevée des médailles miraculeuses, qu'elle avait fait bénir, afin d'intéresser la Sainte-Vierge à ses projets.

En 1854, Sœur Callamand commença la belle congrégation des Enfants de Marie. Elle fut puissamment aidée dans ce travail par une sœur auprès de laquelle elle repose maintenant, et dont le souvenir s'effacera difficilement de la Congrégation. Cette œuvre, qui a coûté à sa fondatrice tant de peines et de soucis, porte aujourd'hui ses fruits dans les deux paroisses de Saint-Georges et de Saint-Jean, dont elle est la joie et l'édification. Commencée avec quelques jeunes personnes de bonne volonté, elle s'est merveilleusement accrue et est devenue le modèle des congrégations de ce genre.

En 1859, Sœur Callamand fonda l'œuvre touchante des Bonnes Mères, retraite paisible pour les femmes âgées ; elle ne faisait en cela que tenir une parole qu'elle avait promise à Monsieur Rozier, curé de Saint-Jean, à son lit de mort.

En 1862, Sœur Callamand construisit pour la Congrégation des Enfants de Marie la chapelle de l'Immaculée Conception. Elle y fit placer une statue de la Vierge Immaculée qui y fut honorée jusqu'en 1869. A cette époque, Sœur Callamand fut gravement malade. Elle fit, sur l'ordre de son confesseur, un vœu à Notre-Dame de Lourdes, et, ayant été guérie, elle fit placer sur l'autel Notre-Dame de Lourdes, remit entre ses mains les clefs de sa maison, et envoya aux sœurs de la Charité de Pékin la statue de la Vierge Immaculée, en disant : « Puisque je n'ai pu aller en Chine, envoyons-y notre bonne Mère !... »

En 1862, elle fonda, avec la présence du P. Etienne, l'œuvre des *pauvres malades*. Cette œuvre si importante est trop connue dans Lyon pour que nous ayons à l'expliquer dans cette courte notice.

En 1866, elle fonda l'œuvre de Sainte-Félicité, dont le petit oratoire est dans la tribune de Notre-Dame de Lourdes. C'était comme un nouveau rameau qui se détachait de l'œuvre des Enfants de Marie.

En 1867, elle fonda l'œuvre des Saints-Anges, en faveur des petits enfants des associées de Sainte-Félicité. Œuvre charmante, cueillie au pied de la crèche du Saint-Enfant-Jésus, et dont on ne peut voir les réceptions sans attendrissement.

En 1870, Sœur Callamand organisa une ambulance dans une partie de la maison. Dieu sait tout le bien qu'elle a fait à ces pauvres soldats et pour leur guérison et pour leur salut.

En 1875, Sœur Callamand fit la chapelle du Sacré-Cœur. Depuis longtemps elle caressait ce rêve. Elle n'aurait pas voulu mourir sans avoir consacré au Sacré-Cœur tout ce qu'elle avait fait. Le 2 février 1875, elle rassembla donc tout le personnel de sa maison et ses associations diverses ; elle pria Monsieur le curé de Saint-Jean de bénir la statue, et quand cette fonction fut accomplie, elle s'agenouilla devant cette divine image, et, d'une voix émue, qui attendrit tous les assistants, elle fit une consécration qu'elle renouvelait solennellement chaque année, le premier vendredi de février.

En 1877, Sœur Callamand fonda l'Œuvre intéressante de Jésus-Marie-Joseph. C'est la suite de l'Œuvre de Sainte-Félicité et des SS. Anges. Comme l'Enfant Jésus, l'enfant a grandi, *Puer autem crescebat*, il faut en avoir plus de soin encore. Mère Callamand devait finir par où elle avait commencé. Nous avons vu combien elle aimait cette Œuvre des petits garçons à Montpellier ; elle leur avait gardé une prédilection spéciale, et, aux jours de la vieillesse, cette œuvre lui revenait au cœur. Disons plus, elle a été le dernier rêve et le dernier délire de sa vie : augmenter l'Œuvre de Jésus-Marie-Joseph, et créer un orphelinat.

Voilà une liste très sommaire des œuvres générales de cette bonne Mère. Nous en avons oublié une qui mérite une attention particulière, car Mère Callamand y travaillait pour obtenir la bénédiction de toutes ses entreprises ; nous voulons dire l'Œuvre des vocations sacerdotales. En venant au Doyenné, elle trouva cette tradition livrée par les sœurs anciennes, que la première œuvre était d'élever toujours un prêtre afin d'attirer toujours les bénédictions du ciel. Mère Callamand y a été fidèle jusqu'à son dernier jour, et elle poursuivait cet apostolat avec autant d'amour que de discrétion. Elle a donc droit au souvenir des personnes zélées qui fondent l'œuvre des vocations sacerdotales, œuvre assurée de son succès, puisqu'elle s'abrite sous le manteau de Marie Immaculée.

Ses Vertus

Un vénérable Lazariste présent à la mort de mère Callamand a dit à ses sœurs : «Je résume à trois les vertus principales de la Mère que vous venez de perdre : L'Esprit de foi et d'oraison, l'Innocence de la vie, une Charité dévorante. »

La Mère Callamand vivait en effet de l'esprit de foi, comme le Juste dont Saint Paul nous dit « *Justus autem meus ex fide vivit*, et cette foi s'élançait vers Dieu et vers le ciel en une multitude de dévotions admirables qui faisaient le charme de sa vie, la consolation de ses peines, le refuge de ses ennuis, la force de ses entreprises, le secours de sa pénurie. Nommons-en quelques-unes, pour la joie de ceux qui en ont été les témoins. Tout d'abord, la Très-Sainte Trinité à qui elle rendait sans cesse hommage, jusqu'à son dernier jour. Saint Joseph, qu'elle faisait son confident habituel et qui lui apportait si souvent des secours merveilleux. La Très-Sainte Vierge Immaculée, à qui elle avait confié les clefs de la maison. La Passion de N. S. J. C. Dans ses moments de douleur, on la trouvait toujours à genoux dans l'oratoire de la Passion. Le Sacré-Cœur, à qui elle avait tout consacré, et où elle aimait à faire son travail le plus sérieux et le plus cher. Saint Vincent de Paul, qu'elle donnait toujours pour exemple. Les Ames du Purgatoire ; on ne sait pas combien Mère Callamand a fait pour cette dévotion, et les économies qu'elle s'est imposées pour faire dire des messes pour les pauvres âmes. Enfin l'Abandon à la Divine Providence, vertu des grands saints, et qu'elle recommandait si souvent à ses sœurs.

Mais l'esprit de foi de Mère Callamand ne s'arrêtait pas là ; il ne regardait pas le ciel seulement, il regardait aussi la terre. De là, sa dévotion et son dévouement pour la Sainte Eglise, pour la grande famille de Saint Vincent, pour les évêques pasteurs des peuples, pour tout le sacerdoce. On n'explique pas autrement les relations recommandables qu'elle eut de toutes parts avec les saints de la terre, et les personnes les plus consommées dans la perfection chrétienne. Nommons le Vénérable curé d'Ars, les trois derniers Supérieurs généraux de Saint-Lazare, le Saint Homme de Tours, sa chère petite Bretonne, Mgr Mazenod évêque de Marseille, Mgr Fransoni, archevêque exilé de Turin, dont elle fut la providence à son arrivée à Lyon. Que de grâces n'obtint-elle pas de Pie IX et qu'elle ne fut pas sa joie en recevant sur son lit de mort la bénédiction de Léon XIII ? Pendant son supériorat, trois Archevêques se sont succédé sur le trône primatial, tous les trois l'ont eue en grande confiance et lui ont témoigné la même estime.

Nous ne dirons rien autre de l'innocence de sa vie, sinon que Mère Callamand semblait ignorer le mal ; elle ne le voyait en personne, sa pensée était tout entière à une passion qui l'absorbait et que l'on a pu appeler : Charité dévorante. Elle avait, comme son Vénéré Père saint Vincent, le génie de la charité, *Ingenium charitatis*, et elle pouvait dire, comme lui : « *La Charité de J.-C. me presse.* » Pour ne citer qu'un trait entre mille, nous l'avons vue pendant un hiver rigoureux, où les secours manquaient, faire une course désespérée à travers la ville, pour sauver ses pauvres. Saisie par le froid, elle tomba d'inanition dans une maison où elle était allée quêter. On lui donna des soins, puis une bonne aumône, et on la ramena dans sa communauté ; elle disait ensuite : « J'ai bien un peu manqué de courage, mais mes pauvres n'y ont pas perdu, » et elle montrait les belles pièces d'or que lui avait values son mal de cœur.

Ses Souffrances

Il est dit, dans la vie de sainte Chantal, que l'on craignit plusieurs fois pour sa vie, à la mort de ses enfants ou de ses proches. La Sœur Callamand était ainsi, On affirme quelquefois que la religion déssèche le cœur, et que le religieux n'aime plus sa famille. Mère Callamand a montré le contraire d'une manière admirable. Chaque fois qu'un membre de sa nombreuse famille s'éteignait, on craignait pour ses jours. Elle ne souffrait pas seulement pour sa famille, elle souffrait pour ses sœurs, pour ses orphelines, pour sa maison. Nous l'avons vue désolée devant l'agonie de ses chères enfants. Que n'a-t-elle pas souffert pour sa Sœur Marie ? Elle souffrait pour sa Congrégation. Nous l'avons vue sanglotant comme une enfant, en nous lisant la lettre qui lui annonçait la mort du Père Etienne. Elle souffrait pour la France. Elle souffrait surtout pour l'Eglise. Elle voyait l'horizon devenir de plus en plus sombre, et elle sentait en elle une grande tristesse. Mais jamais un mot de blâme ne s'échappait de ses lèvres, elle regardait le ciel, et puis elle marchait toujours en avant, elle surnaturalisait ses intentions, elle multipliait ses bonnes œuvres. C'était là toute sa vie. Peu de sommeil, peu ou pas de nourriture. Elle n'était plus que l'ombre d'elle-même. Elle pouvait dire à une dame : « Je ne suis plus Sœur Callamand. » On s'étonnait que cette pauvre trotteuse pût battre ainsi chaque jour le pavé de nos rues. Un jour vint où on ne la vit plus. C'était le beau jour de l'Immaculée Conception.

Sa maladie et sa mort

La maladie et la mort de Sœur Callamand ont résumé sa vie religieuse tout entière. Comme elle disait, dans la douleur des derniers jours : « Mon Dieu ! Je ne vous vois pas encore, mais je sens que cela ne tardera pas. Eh bien ! Je vous en prie, que ce soit vite fait ! » Les choses, en effet, ont été menées assez promptement. Onze jours ont suffi, onze jours de craintes, d'espérances, de prières et d'alarmes.

La veille de l'Immaculée Conception elle se sentit saisie d'une impression de froid. Elle fit néanmoins dans la ville plusieurs courses, alla régler l'heure et les détails de la messe de sa congrégation pour le lendemain, prépara ensuite la chapelle de N. D. de Lourdes, exposée à un air glacial, les verrières n'étant pas fermées. Le froid la saisit de nouveau et, le lendemain matin, elle n'assistait pas à cette chère fête.

Les inquiétudes dès lors commencèrent à naître de toutes parts. Mère Callamand était atteinte d'une fluxion de poitrine. La Congrégation des Enfants de Marie commença une neuvaine pour obtenir sa guérison, on lui en fit part, mais comme elle avait le pressentiment de sa mort, elle répondit : « Alors il me faudra rester ici pendant neuf jours... » Les premiers jours de sa maladie se passèrent dans la fièvre et une sorte de délire, mais un délire du plus haut intérêt pour ceux qui en étaient les témoins, délire où elle passait en revue toutes ses œuvres, toutes ses entreprises, toutes ses dévotions, tous ses souvenirs. Elle n'était plus chez elle. Elle voulait entrer dans sa vraie maison. « Quand partirons-nous? Partons!... » c'était le cri du prophète répété par Saint Louis sur la plage africaine. *Lætatus sum... in Domum Domini ibimus. Je me suis réjoui en ce qu'il m'a été dit : Nous irons dans la maison du Seigneur.*

Le quatrième jour elle reçut l'extrême-onction avec grande ferveur. Le même jour elle reçut la bénédiction de Léon XIII et en témoigna sa joie à Son Eminence qui daignait la visiter. Dans la nuit du jeudi au vendredi, octave de la fête, on crut à sa fin. Elle édifiait tout le monde par ses aspirations brûlantes. Au matin sa fièvre tomba un peu, elle sollicita avec instance la sainte communion. Pendant plus de trois heures la pauvre Mère l'attendit, les mains jointes et tremblantes, et comme on lui demanda : « Notre Seigneur va venir en vous, serez-vous heureuse? » elle répondit les yeux toujours fixés sur un objet invisible que sa foi lui montrait : « Je l'attends! » Cependant le mal suivait son cours. La malade baissait de plus en plus; le vendredi, elle fit à ses sœurs les recommandations les plus touchantes, leur donna les plus sages conseils, bénit une à une toutes ses œuvres, fit sa profession de foi : « Je crois...! » offrit sa vie à Dieu. Le samedi elle prononça devant ses sœurs ces remarquables paroles: « Jésus! Jésus! Jésus! oh! que c'est beau! » Puis : « Demain il y aura une grande décision dans les conseils de Dieu, et surtont ne vous y opposez pas : C'est pour demain, nos sœurs! »

Le lundi 20, fête de l'Attente de N. S. à 7 heures du matin, on vit que le dernier moment arrivait. Ses sœurs pleuraient à genoux autour de son lit. M. Lajont Vicaire Général, M Dufour Supérieur des Lazaristes et l'aumônier de la Maison se tenaient debout à ses côtés. M. Lajont fit les prières de la recommandation de l'âme et lorsqu'il eut fini, Mère Callamand rendit doucement son âme entre les mains de son Créateur. C'était l'heure où les prêtres prononçaient ces paroles à l'autel du Seigneur : *Quis ascendet in montem Domini ? Innocens et mundo corde. Qui montera sur la montagne du Seigneur ? L'âme innocente et le cœur pur.*

Funérailles

Sœur Callamand a eu ses funérailles mercredi matin 20 décembre, à 9 heures, dans l'Eglise de Saint-Jean. On a dit avec raison que ce n'étaient pas des funérailles, c'était une joie et un triomphe pour l'Eglise. Oui, c'était une joie pour le Ciel qui accueille les saints, et c'était un triomphe pour l'Eglise de la terre, qui apaise, qui unit qui sanctifie, qui élève, et c'était aussi pour cette regrettée Sœur un couronnement bien plus doux encore que toutes les fleurs qui entouraient ou qui couvraient son cercueil, c'était le couronnement de ses œuvres : œuvres de longue patience, d'efforts ignorés, de zèle ardent, d'amour de Dieu et d'amour des âmes. Nommons les en passant : Œuvres des Providences, des Ecoles, de la Maternité, des Dames de Miséricorde, des Enfants de Marie, des Pauvres malades, des Bonnes Mères, de sainte Félicité, des SS. Anges, de Jésus-Marie-Joseph. Elles étaient toutes là, fières d'accompagner leur protectrice, leur fondatrice, leur soutien, leur vraie mère. Puis, en rangs pressés, les sœurs aimées de saint Vincent de Paul accourues de toutes parts, et un nombre considérable de prêtres et d'hommes de tous les rangs, tandis que sur le parcours, de chaque côté de la voie, les pauvres s'inclinaient, émus, devant celle qu'ils appelaient aussi leur mère.

La Primatiale, il est vrai, ne lui avait pas prêté ses décors des funérailles magnifiques, les cloches tintaient bien humblement, trop humblement peut-être, les draperies armoriées n'étaient pas appendues aux colonnes de notre vieille église. Il n'y avait absolument rien d'officiel dans le dernier passage à travers la paroisse de cette pourvoyeuse de toutes nos misères pendant 32 ans. Et on avait, dans cette économie, bien interprêté la sagesse, la réserve, et l'humilité de celle qui n'avait jamais rien refusé à la cathédrale. Mais, en revanche, l'estime et la vénération, le cœur et la reconnaissance ont donné plus qu'il ne fallait pour montrer à tous le mérite de cette sainte femme. La levée du corps et l'absoute ont été faites par Mgr Pagnon, Vicaire Général. Son Eminence a assisté à la messe de *Requiem* avec ses trois Vicaires Généraux. Le plus grand nombre de Messieurs les Chanoines, Chapelains et Professeurs, une représentation des élèves du Petit Séminaire, spontanément offerte par Monsieur le Supérieur, avaient tenu à se mêler au clergé de la paroisse. L'église Saint-Jean

était comble, comme en ses plus beaux jours. Après la messe de
Requiem, et l'absoute donnée par Mgr Pagnon, le cortège s'est ache-
miné vers Loyasse, et Sœur Callamand a été réunie à ses anciennes
vénérées dans le caveau des maisons de Saint-Jean, de Saint-Paul,
de Sainte-Croix et d'Ainay. En considérant la plaque de marbre où
le nom de Mère Callamand viendra s'ajouter à celui de sa chère Sœur
Marie, et en lisant les noms des sœurs Hugonet, Marchand, Clo-
tilde, Joséphine et Archimbaud, qui pendant un demi-siècle ont di-
rigé et agrandi la charité lyonnaise, nous ne pouvions avoir dans la
pensée que ces paroles des livres saints : « *Heureux celui qui a l'in-
telligence du malheureux et du pauvre, il sera délivré au jour mauvais...* » et aussi : « *Bienheureux ceux qui meurent dans le Seigneur, ils
seront accompagnés de leurs œuvres !*

C. COMTE

Imp. WALTENER ET Cⁱᵉ, rue Belle-Cordière, 14. — Lyon.